OBSERVATIONS

POUR Louis-Alexandre Armand Géneau de Mieurle.

Marie-Joseph-Antoinette Géneau.

Le Sieur du Wicquet de Rodlingen, pere & tuteur du sieur de Wicquet de Rodlingen, son fils, & de la Dame le Parc d'Herlen, & la Dame Avise, veuve du Sieur Mutinot de la Maçonnerie, mere & tutrice de la Demoiselle Mutinot, sa fille; tous héritiers & représentans du Sieur Géneau de Formanoir, & de Dame Catherine le Camus, son épouse.

Adrian-François-Joseph-Marguerite de Tutil, Chevalier, Seigneur de Guémy, Bouquinkam, Asdantan, & autres lieux, & Marie-Marguerite Caroline de Tutil de Guémy.

Jeanne-Antoinette le Gressier, veuve de Philippe-Jean-Baptiste Jacquemin, Seigneur d'Haulieu, Ecuyer, Conseiller-Sécretaire du Roi, & Philippe-Jean-Baptiste Jacquemin, Ecuyer, Seigneur de Château-Renaud, leur fils.

Et Jeanne-Marie-Magdelaine-Antoinette Jacquemin, leur fille, épouse d'André-Hercule de Rougeat, Ecuyer, Seigneur des Plontiers, ancien Officier + & Pensionnaire du Roi, héritiers & représentans du Sr. Gressier, Défendeurs.

+ d'infanterie au Reg. de poitou

CONTRE Pierre-Elisabeth de Fontanieu, Chevalier de l'Ordre Militaire de S. Louis, Intendant, & Contrôleur Général du Garde-Meuble de la Couronne, Demandeur.

SI l'on en croit le sieur de Fontanieu, les Défendeurs n'ont fait que déceler, à chaque page d'un long Mémoire, l'embarras où ils sont de justifier les trois Arrêts du Parlement de Paris, dont il poursuit la cassation ; & sous l'art avec lequel ils ont cherché à faire prévaloir une erreur qui est la base de leur défense, on n'apperçoit que confusion & contradictions. Mais à moins que le sieur de Fontanieu ne prétende en être cru sur sa parole, il ne persuadera pas ce qu'il dit. La vérité est qu'il n'y a dans le Mémoire des Défendeurs ni art, ni contradictions, & que leur défense est simple & méthodique. Après avoir démontré, pag. 18 & suivantes, que les propositions du sieur de Fontanieu, accordées telles qu'il les expose, ne fonderoient pas ensemble un moyen de cassation, & que son action étoit un appel déguisé, de trois Arrêts rendus sur la même contestation, après plus de quarante ans d'instruction, avec la partie publique, ils ont suivi par ordre la discussion des quatre moyens prétendus de cassation.

Le premier est fondé sur le Droit Public du Royaume qui veut que les fiefs de Dignité relevent nuement de Sa Majesté ; les Défendeurs ont fait voir qu'ils n'avoient point d'intérêt à combattre cette maxime, & que le Marquisat de Fiennes n'en relevoit pas moins nuement du Roi, de ce que les profits pécuniaires de fief en appartenoient à la recette du Bailliage de Wissent, dont le produit doit être perçu par l'engagiste.

Ils ont démontré, en discutant le second moyen, que les textes de la Coutume cités par le sieur de Fontanieu, ne se rapportent qu'à la mouvance nue du Roi sur Fiennes, qu'ils n'ont jamais eu la pensée de combattre, & que ce n'étoit pas dans la Coutume qu'il falloit chercher la distribution fiscale des recettes des profits féodaux, qui est le seul point de la question.

De-là, passant au troisieme moyen, & entrant en lice pour la quatrieme fois sur le débat des titres qui ont subi pendant cinquante ans, en trois reprises, la discussion la plus vive, tant avec les Parties qu'avec le Ministere Public, ils ont prouvé, jusqu'à la démonstration, que la Seigneurie de Fiennes relevoit *par Wissent*, c'est à-dire, que c'étoit à la recette de Wissent, & non à celle du Trésorier du Comté que se rapportoient les droits casuels de Fiennes, ainsi que ceux des fiefs compris dans son enclave, & qui devoient par conséquent être dévolus à l'engagiste auquel l'enclave de Wissent est engagé ; ils ont démontré sur-tout que quelques-uns des titres produits par le sieur de Fontanieu établissoient littéralement le même point, & qu'il n'y en avoit aucun qui le contredît.

Le quatrieme moyen roule sur le privilege des Maîtres des Requêtes ; les Défendeurs ont fait voir que l'impression du privilege n'avoit pû frapper les Domaines engagés avant la concession, *quoique la revente en eût été faite postérieurement ;* le sieur de Fontanieu a la discretion de ne plus soutenir ce moyen ; il est vrai que ce seroit soutenir que le blanc est noir, mais il ne faut pas croire que sa conviction soit moins complette sur tous les autres articles.

Les Défenseurs, par leur Mémoire imprimé, n'ont dit qu'un mot en finissant, sur la fin de non-recevoir du sieur de Fontanieu, mais ce mot est sans replique ; ils osent le dire avec confiance, il n'y a point de partie de leur défense où les preuves ne soient portées jusqu'à la démonstration.

Il y a aussi beaucoup de choses démontrées dans le Mémoire du sieur de Fontanieu, mais qu'il étoit déplacé de démontrer, parce qu'on ne les conteste pas. Quoiqu'il en dise, c'est lui qui montre le plus d'embarras dans cette contestation ; dans une réponse bien plus prolixe que le Mémoire dont il reproche la longueur aux Défendeurs, il se perd du commencement jusqu'à la fin, dans des lieux communs de principes qui ne viennent point dans la cause, qui ne viendront vraisemblablement en aucune, parce qu'il ne peut se trouver personne qui veuille les contester ; & cela sans dire un mot, pas un seul mot de la question qu'il s'agit de décider.

Les sieurs de Mieurle & Conforts pourroient donc se contenter de dire que leur défense est entiere, & se borner à supplier le Conseil de la remettre sous ses yeux, comme réponse à la réfutation qu'a entrepris d'en faire le sieur de Fontanieu : s'ils ajoutent quelques observations, c'est uniquement pour faciliter la comparaison des deux défenses, par le rapprochement des objets.

Les Défendeurs commenceront par relever quelques citations tronquées ou travesties, par lesquelles le sieur de Fontanieu leur fait dire ce qu'ils n'ont pas seulement pensé ; & en vérité, c'est presque tout ce qu'ils ont à faire, pour remverser tout l'édifice de sa prétendue réfutation.

Le sieur de Fontanieu débute par prêter aux sieurs Mieurle & Consorts, une absurdité sur laquelle il bâtit un fantôme de systême qu'il combat avec chaleur de l'un à l'autre bout de son Mémoire ; & cette absurdité, il la crée lui même en tronquant la phrase des sieurs Mieurle & Consorts qu'il cite avec la page. *Ils disent encore*, dit-il, page 2 de son Mémoire, *que le Comte de Boulogne est suzerain de Wissent....* & il cite en marge la page 67 de leur Mémoire. Mais, n'en déplaise au sieur de Fontanieu, les Défendeurs n'ont point dit cela ; ils ont écrit, à cette page 67, *qu'il suffit que le Comte de Boulogne soit suzerain à Wissent, comme il l'est à Boulogne même, & dans chacun des autres Baillages* ; ce qui est, comme on voit, fort différent de ce qu'on leur fait dire. Cette observation a été faite au sieur de Fontanieu, pour répondre aux inductions déraisonnables qu'il tiroit en sa faveur, de certains droits exhorbitants que le Seigneur de Fiennes exerce dans Wissent même, dont il vouloit conclure que le Seigneur de Fiennes ne pouvoit pas être soumis, ne pouvoit pas relever d'un domaine sur lequel il exerçoit des droits aussi prééminents. On lui a répondu que ces droits mêmes portoient l'empreinte de sa dépendance locale ; parce qu'il ne les avoit pas de son chef, n'étant pas Seigneur de Wissent, qu'il ne pouvoit les tenir que de la concession du Seigneur qui étoit le Comte de Boulogne, son Suzerain. C'est à cette occasion qu'on a dit que le Comte de Boulogne étoit suzerain *à Wissent*, comme il l'étoit dans les autres parties du Comté, & que supposant Wissent séparé des autres Membres du Comté, il emporteroit avec lui la portion de suzeraineté concurrente à la continence de son enclave. Le sieur de Fontanieu cite en pure perte une foule de Féodistes pour prouver que ce démembrement ne peut pas avoir lieu : mais il ne s'agit pas de cela ; les sieurs de Mieurle & Consorts n'ont pas agité la question, si le démembrement pouvoit ou ne pouvoit pas être fait ; ils ont parlé hypothétiquement, *ſuppoſant Wiſſent ſéparé*, c'eſt-à-dire aliéné, & ne faiſant plus partie intégrante du Comté de Boulogne.

Il eſt néceſſaire de faire obſerver que ce qui réſulte clairement du lieu cité, c'eſt que les Défendeurs ont regardé la ſuzeraineté comme diffuſe également ſur l'univerſelle glebe du Comté; ce qui eſt contradictoire avec l'aſſertion qu'une partie de cette glebe eſt un fief, un vaſſal du tout : c'eſt cependant ce que le ſieur de Fontanieu leur fait dire tout de ſuite.

« Il avance à la page 3 que de ce qu'anciennement les » Prévôts & les Baillifs exerçoient tout-à-la-fois la juſtice au » nom du Souverain, en même-temps qu'ils feroient en ſon » nom la recette des droits dûs par les poſſédants fiefs & do» maines dans leur reſſort, les Défendeurs ont conclu que » ces mêmes Baillifs avoient la directe ſur ces fiefs & ſur » ces domaines ; & qu'appuyant ce ridicule ſyſtême des comptes » du Bailli de Wiſſent, ils en ont tiré la fauſſe conſéquence » que le Roi, en engageant le domaine de Wiſſent, avoit » encore engagé la mouvance des objets qu'il leur plaît de » comprendre dans l'arrondiſſement de ce domaine engagé.... » & pour qu'on ne puiſſe pas douter que ce ſyſtême ne ſoit des ſieurs Mieurle & Conſorts, le ſieur de Fontanieu répete à la page 5, que c'eſt de cette recette que les Défendeurs ont tiré une idée de *directe* qui répugne à la nature de ce domaine : il les accuſe à la page 6 d'adopter une erreur gliſſée dans quelques actes, qui préjudicieroit à la *directe* du Comté, & de s'exprimer d'une maniere inintelligible, en faiſant relever *immédiatement d'un fief par le moyen d'un autre*, expreſſion qu on ne peut ſoutenir, ſans annoncer qu'on manque des premieres notions de la féodalité.

Dans cette vive ſortie, le ſieur de Fontanieu a deux objets : le premier, de prêter aux ſieurs de Mieurle & Conſorts un ſyſtême qu'ils n'ont pas, pour avoir le plaiſir de le combattre : le ſecond, de les arguer de contradiction, en ce que convenant d'un côté que Fiennes releve nuement du Comté de Boulogne, ils ſoutiendroient d'un autre côté qu'il releve par Wiffent. Et en cela le fieur de Fontanieu ne prend pas garde que ce reproche de contradiction retombe fur lui-même, qui, en foutenant que Fiennes releve nuement du Roi, convient cependant qu'il releve par le Comté de Boulogne. On lui a fait déjà cette réponfe, en lui alléguant avec l'exemple de Fiennes même, celui d'un grand nombre d'autres Fiefs qui relevent du Roi de la même maniere, par le moyen d'un grand fief; on a même relevé la miférable folution par laquelle il effayoit de fe tirer d'affaire contre ces exemples; le Confeil eft fupplié de revoir cette difcuffion à la page 23 du Mémoire des Défendeurs.

Il faut s'arrêter ici au premier des deux objets du fieur de Fontanieu, au fyftême qu'il veut que les Défendeurs ayent bâti, de la directe des Bailliages du Comté de Boulogne : ils veulent, felon lui, que chaque Bailliage foit un Fief ; de forte que les Fiefs qui fe trouveront dans leur mouvance, feront des arriere-Fiefs du Comté : ainfi Wiffent fera un Fief, & Fiennes qui fe trouve dans fa mouvance, ne fera qu'un arriere-Fief, au lieu d'être un Fief immédiat. Voilà le fyftême que le fieur de Fontanieu prête aux fieurs Mieurle & Confors ; & ce point une fois pofé il fe revêt de toutes fes armes pour le combattre d'un bout à l'autre de fa prétendue réfutation : mais ce n'eft-là qu'un phantôme créé par le fieur de Fontanieu ; parce qu'en effet les fieurs Mieurle & Confors n'ont, non-feulement pas dit un mot d'un tel fyftême, mais qu'ils en ont établi dans les termes les plus précis, un tout oppofé.

Ils ont commencé par annoncer aux premieres lignes de leur Mémoire, que toute la conteftation fe reduifoit *à un combat de recettes.*

Aux pages 10 & 11, après avoir parlé de la divifion du Comté en huit Bailliages ayant chacun leur receveur des revenus échus dans fon diftrict, pour en compter directement à la Chambre des Comptes, ils ont dit, *que ce genre de mouvance qui concentroit chaque Fief dans l'arrondiffement de la recette économique, NE FORMOIT PAS UN DEGRÉ DE FEODALITÉ, ne rompoit pas la relation immédiate de chaque vassal au Suzerain, ne faisant pas* DEGENERER LE FIEF EN ARRIERE-FIEF; *parce qu'en effet les Bailliages par lesquels ces Fiefs relevoient, n'étoient pas des vassaux du Suzerain, mais des membres de la Suzeraineté; & que relever par un de ses membres, c'étoit relever par le tout dont ils étoient des parties intégrantes.* La phrase suivante est remarquable; les sieurs de Mieurle & Consors ajoutoient, *que c'étoit défaire en deux mots tout le systême des adversaires qui vouloient que la mouvance, par les Bailliages, dégradât le Fief de dignité & le fît cesser d'être dans la mouvance nue du Comté, dans la mouvance nue du Roi.* C'étoit donc dès-lors les sieurs de Mieurle & Consors, qui loin de prendre eux-mêmes la distinction des recettes pour une distinction de Fiefs, & de ravaler à la qualité d'arriere-Fief les Fiefs mouvans par ces recettes, reprochoient au contraire au sieur de Fontanieu de tirer cette fausse conséquence de la distribution des recettes, & de l'espece de mouvance qu'elles avoient sur les Fiefs de son arrondissement, qui étoit un fait qu'il ne pouvoit nier. Qu'espere donc le sieur de Fontanieu en venant repéter cette imputation exposée, devant le Parlement même, à tout le ridicule qu'elle mérite? se flatte-t-il que moyennant le ton tranchant de ses assertions, on ne lira que ce qu'il aura écrit le dernier?

A la page 20, après avoir expliqué comment l'espece de mouvance par les Bailliages, à raison de la situation du Fief, & de la désignation du chef-lieu pour acquitter les devoirs, pouvoit s'accorder avec la mouvance nue du Comté, les sieurs de Mieurle & Consors ont dit, *que cet arrangement qui ne fait que diviser des recettes, ne change point les qualités & les rapports; qu'à Wissent comme à Boulogne & dans tel autre qu'on voudra des huit Bailliages, c'est le vassal immédiat qui rend les devoirs, que c'est le Suzerain unique, le Comte de Boulogne qui les reçoit, & que l'on releve nuement par Wissent, comme on releve nuement par Boulogne.*

A la page 29 les sieurs de Mieurle & Consors ont repété; *on lui dit que la mouvance par Wissent ne forme pas un dégré de féodalité ; que Wiſſent ne domine pas Fiennes, comme vaſſal de Boulogne, mais comme membre de Boulogne ; que c'eſt le Suzerain qui domine par l'une & par l'autre de ſes mains...* Que deviennent après cela tous les efforts du ſieur de Fontanieu pour prouver que les Bailliages du Comté de Boulogne ne ſont pas des Fiefs, & que les Terres enclavées dans l'arrondiſſement de ces Bailliages, & reconnues pour relever nuement du Comté de Boulogne, ne ſont pas des arriere-Fiefs ? le ſieur de Fontanieu peut-il établir cette propoſition dans des termes plus précis & d'une maniere moins équivoque, que ne l'ont fait les ſieurs de Mieurle & Conſors qui en ont parlé dans toute leur défenſe, dans des expreſſions ſemblables ou ſynonimes de celles qu'ils viennent de rappotter? Comme ce procès roule entierement ſur une équivoque volontaire demots, ils ont eu grand ſoin de meſurer ſcrupuleuſement les expreſſions,& de fixer par quelque correctif celles dont le ſens trop vague pouvoit donner priſe aux interprétations captieuſes de leur adverſaire,ce qui eſt toute la reſſource qu'il a. Si le Conſeil daigne y faire quelqu'attention, il s'appercevra bien-tôt de celle dont parlent les Défendeurs, auſſi-bien que de l'affectation du ſieur de Fontanieu, de changer à chaque inſtant leurs expreſſions, pour les plier plus facilement à ſes équivoques. Ainſi, par exemple, il leur a fait dire que le Comte de Boulogne étoit *Suzerain de Wiſſent*, au lieu de repéter d'après eux, que le Comte de Boulogne eſt *Suzerain à Wiſſent* comme il l'eſt dans les autres membres du Comté : il leur fait dire que Fiennes releve *de Wiſſent*, tandis qu'ils ont dit par-tout qu'il relevoit du Comté, *par Wiſsent* : il leur prête de parler de *ſervices féodaux* dus à Wiſſent, au lieu qu'ils n'ont parlé que de la recette des profits pécuniaires, &c. Enfin depuis le commencement juſqu'à la fin, il leur fait dire ce qu'ils ne diſent pas ; il combat ce qu'ils ne ſoutiennent pas ; il prouve ce qu'ils ne conteſtent pas : c'eſt le mot qu'il faut toujoursdire au ſieur de Fontanien, & peut-être le ſeul qu'il eût fallu lui dire, en ſuppliant le Conſeil de lire & de juger ſur ce qu'on avoit déja écrit.

On a annoncé que le ſieur de Fontanieu n'avoit pas mis beaucoup

beaucoup d'ordre dans sa défense ; après avoir fait des excursions générales sur le fonds, il reprend une objection de forme, puisée dans la contradiction prétendue des trois Arrêts. Les sieurs de Mieurle & Consors se referent à ce qu'ils en ont dit à la page 18 de leur Mémoire : que le Conseil daigne y avoir recours, & qu'il juge du poids des assertions du sieur Partie adverse ; elles sont contraires ou au texte des Arrêts, ou à ce que les Défendeurs ont écrit.

Telle est cette autre assertion qu'on voit à la p. 9 du Mémoire du Sr de Fontanieu, par laquelle il impute aux Sieurs de Mieurle & Consors d'avoir fondé le sort de l'arrêt de 1745, uniquement sur l'autorité de la chose jugée par celui de 1621. Les Défendeurs ont dit à la page 6 de leur Mémoire, que le sieur Grenier qui étoit Partie dans cette instance, *rapporta des titres pour justifier qu'elle* (la Terre de Fiennes) *étoit dans la mouvance de Wissent, & se fonda sur l'autorité de la chose jugée en 1621.* Aux pages 38 & 39, ils ont dit que, *les mêmes titres soumis une seconde fois à l'examen du Parlement, dans la contestation qui s'éleva entre les Fermiers respectifs du Comté de Boulogne & du Domaine de Wissent, à l'occasion de la vente du Marquisat de Fiennes, faite en 1709 à la Comtesse de Valençay, furent alors discutés pendant plus de vingt ans ; qu'ils le furent sur la fin de l'instance, avec feu M. de Fontanien, & toujours avec le Procureur Général du Roi.* Ils y ont remarqué que le sieur de Fontanieu, pour affoiblir les inductions accablantes qui resultoient contre lui d'une discussion si longue & si solemnelle, n'avoit pas craint d'avancer dans ses requêtes, que le Procureur Général n'avoit pas été Partie dans cette instance, & que c'étoit d'office que le Parlement lui avoit fait la reserve de se pourvoir. Voilà avec quelle exactitude le sieur de Fontanieu cite les défenses de ses Parties adverses : & ce qu'il y a de plus étonnant, c'est qu'après la remarque qu'on vient de rappeller, il ait pû repeter cette assertion hazardée au sujet de la reserve accordée au Procureur Général ; répétition qui oblige les Défendeurs à supplier le Conseil de remettre sous ses yeux cette page 39 de leur Mémoire.

Ils supplient aussi le Conseil de voir à la même page, une citation extraite d'un Mémoire signifié de la part du sieur de Fontanieu, dans l'instance de 1763, pour se convaincre que c'est à tort qu'il impute au Parlement d'avoir jugé avec précipitation, sans lui donner le temps de se défendre; l'instance avoit été pendante quatorze ans.

Il est fastidieux de réfuter si souvent ces vaines déclamations du sieur de Fontanieu, sur l'intérêt du Roi & de l'Etat, auxquelles on a répondu plus sérieusement qu'on ne le devoit aux pages 75, 76 & 77 du Mémoire des Défendeurs. L'événement de la contestation ne touche ni les intérêts politiques du Roi, ni les économiques. Il n'est pas question de distraire un grand fief de la mouvance de la Couronne, ni de détourner une des sources des revenus du domaine de l'Etat; dans toutes les manieres de juger, la terre reste ce qu'elle est, & comme elle est, & le Trésor n'en reçoit ni plus ni moins; les droits échus par le passé, ne tournoient pas au profit du fisc, ceux qui écheoiront à l'avenir lui sont assurés par l'engagiste. Tout ce dont il s'agit, c'est de sçavoir si le Fermier du Domaine, engagé de Wissent, sera payé des droits seigneuriaux échus dans son bail, & dont ils feroient partie, ou si le sieur de Fontanieu sera autorisé à l'en frustrer. Voilà l'intérêt de la contestation, à côté duquel il est puérile de s'étayer de ces grands mots de zelé *pour la conservation des droits précieux & inaltérables du Domaine de la Couronne*, & de soustraire le Marquisat de Fiennes, *l'un des fiefs le plus éminent & le plus considérable* du Comté de Boulogne *à la directe du très-petit Domaine engagé de Wissent*, &c., &c., parce qu'enfin le Fermier de ce Domaine engagé, petit ou grand, ne prétend pas la directe sur le MARQUISAT DE FIENNES; mais étant au lieu & place du Receveur de Sa Majesté, pour les droits échus dans son enclave, il demande ces droits & doit les avoir, parce qu'il a payé le prix de son bail, & qu'on ne peut pas, avec justice, l'empêcher d'en recueillir les fruits, sous prétexte qu'il survient inopinément une moisson abondante. C'est, encore un coup, tout ce dont il s'agit; & c'est se jouer de la crédulité des lecteurs que de répéter si souvent les pompeuses niaiseries avec lesquelles le sieur de Fontanieu cherche à masquer une question si simple.

C'est encore une niaiserie toute pure de venir supposer que, pour attribuer Fiennes à la mouvance de Wissent, (dans le sens qu'emporte ici cette mouvance,) il a fallu distraire Fiennes de la mouvance du Comté de Boulogne, & de faire cette supposition pour en prendre prétexte de rassembler cette érudition immense étalée en pure perte, s'il en fût jamais, pour prouver qu'une telle distraction ne peut avoir lieu. Car, enfin, de quelle maniere plus solemnelle les Défendeurs pouvoient-ils convenir, avec le sieur de Fontanieu, que Fiennes n'étoit pas distrait du Comté de Boulogne, de ce qu'il en relevoit *par Wissent*, selon le langage des titres; que cette mouvance n'emportoit autre chose que la distribution économique de recette, qui assujettissoit Fiennes à payer les profits féodaux au chef-lieu du Bailliage dans l'arrondissement duquel il étoit enclavé. Il est inutile, après cela, de répéter sans fin que Wissent n'est pas un fief, parce que personne ne dit qu'il en soit un; que la dignité du fief de Fiennes est incompatible avec cette mouvance, parce qu'on a démontré que cette mouvance, prise pour ce qu'elle est, ne dégrade point cette dignité, qu'on en a donné l'exemple du Comté de S. Pol, fief de plus grande dignité encore, qui relevoit de la même maniere, & celui de tant d'autres, que le sieur de Fontanieu ne peut contester.

Il faut dire la même chose de ces inutiles dissertations sur la Coutume, qui touchent aussi peu la question, que la savante citation du Réglement du Roi Philippes IV, dont on aura obligation au sieur de Fontanieu tant qu'il voudra, mais qui ne le soustraira pas au payement qu'il dispute à six familles jusqu'à la troisieme génération. Quant à ce qui regarde la Coutume, comme le sieur Fontanieu ne fait que répéter les inductions qu'on a réfutées, on ose dire, victorieusement aux pages 30 & suivantes du Mémoire, on s'y réfere, & l'on supplie le Conseil d'y avoir recours.

Le Réglement de Philippe IV & les autres autorités que le sieur de Fontanieu y rapporte, méritent une réponse, mais elle est de deux mots. Ce Réglement, dit le sieur de Fontanieu, ne permet pas qu'on comprenne dans les engagemens des Domaines de la Couronne, la Justice, la mouvance, ni les patronages ; mais nous ne prétendons aucun de ces droits. La justice n'est pas rendue au nom de l'engagiste ; il ne reçoit pas les hommages, il ne nomme pas aux Bénéfices. Il falloit que le sieur de Fontanieu, produisit quelque Loi d'Etat qui s'opposât à ce que les profits seigneuriaux fussent compris dans l'engagement : une telle Loi pouvoit seule venir à l'appui de sa prétention. Voudroit-il dire que la prohibition d'engager la mouvance, emporte celle d'engager les profits qui y sont attachés ? après tout ce qu'il ose soutenir, on doit être édifié peut-être qu'il n'ait pas avancé aussi cette assertion.

En tout cas, on lui auroit répété que la mouvance prise dans son sens le plus étendu, est fort différente de celle dont il est ici question, qui n'est autre chose que l'attribution de la perception des droits circonscrite dans l'arrondissement du territoire ; que l'engagiste ne possède pas cette mouvance qui rend suzerain, qui attribue la jouissance de recevoir *les services féodaux*, à l'égard de laquelle le Roi ne le met pas en sa place, mais qu'il est à la place de Sa Majesté pour recevoir les profits féodaux, en quoi il n'y a pas plus d'inconvénient que de les voir perçus par un Receveur ou par un Fermier. A quoi bon donc venir citer des Loix qui réservent dans les engagemens du Domaine, la Justice, la Suzeraineté & le Patronage, tandis qu'il ne s'agit d'aucun de ces droits, mais seulement des droits casuels ou profits pécuniaires, qu'il est bien constant qu'on a compris jusqu'ici dans les traités des engagistes puisque le Gouvernement a fait un Réglement en 1771 pour les en retirer, en remboursant les engagistes actuels qui trouveroient leur condition devenue trop désavantageuse par cette distraction.

Cette question de mouvance ayant été autant rebattue, & ayant été expliquée en tant de manieres, que ce mot emporte dans le sens des actes sans nombre où il est répété, c'est-à-dire, un simple rapport à une recette d'arrondissement, pour y acquitter les droits seigneuriaux, il est risible de voir ouvrir un nouvel étalage d'érudition féodale, jusqu'à épuiser tous les

Docteurs qui ont traité la matiere, & cela pour prouver que le Seigneur ſuzerain ne peut pas détacher les mouvances de la glebe dominante, ſans aliéner la glebe ou fief dominant; & pour en tirer cette conſéquence, que le Comte de Boulogne n'avoit pas pû diſtraire le fief de Fiennes de ſon Comté, pour le mettre dans la mouvance du Bailliage de Wiſſent, & que le Roi ne l'avoit pas pu faire non plus, & encore moins à l'égard de Fiennes érigé en Marquiſat, & devenu fief de dignité. On demande ſi jamais on a fait venir de plus loin une ſi faſtueuſe érudition, & ſi jamais quelqu'un abuſa du droit de la défenſe réciproque, plus que ne le fait le ſieur de Fontanieu, qui, pour trouver une application de ces principes ſi étrangers au point qui diviſe les parties, perſonnifie un arrondiſſement fiſcal, une recette, & en fait un Vaſſal. Que le ſieur de Fontanieu réſerve donc pour une occaſion plus propre, ſa ſavante collection ſur la queſtion du démembrement des mouvances; elle n'a aucun trait à l'objet de la conteſtation qu'il faut juger; Wiſſent n'eſt pas un fief dans la mouvance duquel le Comte de Boulogne ait voulu mettre celui de Fiennes, quand il a diviſé ſon Comté en huit Bailliages, qu'il a circonſcrit dans l'arrondiſſement de chacun d'eux les fiefs qui s'y trouvoient enclavés, & que pour la commodité des Vaſſaux, autant que pour l'exactitude du recouvrement, il leur a indiqué le Siége de chaque Bailliage, pour le lieu de la recette des droits ſeigneuriaux. Ainſi, par cet arrangement économique, Fiennes n'a pas été diſtrait de la mouvance de la glebe dominante, pour être mis dans celle d'un Vaſſal de cette glebe. Cette diſtraction n'a pas eu lieu non plus, lors de l'engagement du Bailliage de Wiſſent. Ici le ſieur de Fontanieu éleve une queſtion qui ne ſeroit de miſe que dans le cas d'une aliénation qu'il affecte de confondre avec un engagement. Si le Roi avoit aliéné par échange ou autrement, la partie du Comté de Boulogne contenue dans le Bailliage de Wiſſent, & qu'il eût été reconnu que l'aliénation emportoit avec ſoi une portion concurrente de la ſuzeraineté, c'eût été le cas d'examiner, avec tous les grands Féodiſtes, que le ſieur de Fontanieu met ſur la ſcene, ſi le démembrement de mouvance qu'eût dû entraîner l'aliénation étoit licite ; s'il eût été jugé illicite, Fiennes & les autres fiefs compris dans l'enclave de Wissent eussent conservé leur premier état, en continuant dans la mouvance du Comté de Boulogne ; si le démembrement eût été jugé licite, le Roi n'eût eu qu'à distraire préalablement Fiennes de Wissent, & à le mettre dans une autre de ses mouvances, pour qu'il ne cessât pas de relever de lui, comme cela se pratique quand Sa Majesté aliene des fiefs d'où en relevent d'autres de dignité, comme cela s'est pratiqué à l'égard de Saint Gelais, mouvant de Saint Maixent, qu'on a jugé distrait, de droit, de cette mouvance, du moment que le Roi l'avoit aliéné. On avoit dit tout cela au sieur de Fontanieu ; & cette explication devoit le détourner de la pénible recherche de tant d'autorités respectables & lumineuses sans doute, mais qui ne s'appliquent nullement à la question qui divise les parties.

Pour reprendre sommairement les preuves que le sieur de Fontanieu annonce pompeusement par des titres en tête, comme quelque chose de nouveau, on se contentera de les indiquer avec leur rapport aux réponses qui s'y trouvent faites.

PREMIERE PREUVE *que le Marquisat de Fiennes releve immédiatement & sans moyen du Comté de Boulogne, résultante des termes mêmes de la Coutume.*

RÉPONSE : on a dit & répété cent fois que le Marquisat de Fiennes relevoit immédiatement du Comté de Boulogne, c'est-à dire nuement ; qu'il en relevoit sans moyen, c'est à-dire, sans être reporté à aucun fief intermédiaire ; que ce que le sieur de Fontanieu appelle ici moyen, est mode ; qu'il y avoit une maniere particuliere de relever, *par le Bailliage de Wissent* : on a démontré que cette maniere de relever, établie dans le fait, par tous les titres produits de part & d'autre, n'empêchoit pas que Fiennes ne relevât nuement, comme la maniere de relever du Roi *par la Tour du Louvre*, n'empêche pas qu'on ne releve nuement ; & que personne ne s'est avisé de dire que la Tour du Louvre fût un fief intermédiaire dont la mouvance dégradât le fief de dignité qu'on fait relever par ſon moyen : enfin on a prouvé, le texte de la Coutume à la main, qu'elle ne diſoit pas un mot du point qui diviſe les parties : c'eſt aux pages 30 & ſuivantes du Mémoire des défendeurs, auxquelles ils ſe reférent.

SECONDE PREUVE *que le Marquiſat de Fiennes releve immédiatement & ſans moyen du Comté de Boulogne, réſultante des Titres.*

RÉPONSE. La propoſition que le ſieur de Fontanieu veut établir par cette preuve, eſt accordée dans les mêmes termes que la précédente. Les titres produits en foule par les défendeurs juſtifient que Fiennes releve *par le Bailliage de Wiſſent*; pluſieurs d'entre ceux que produit le ſieur de Fontanieu établiſſent expreſſement la même choſe, & il n'y en a aucun qui la contrediſe. Le ſieur de Fontanieu remet ici ſur la ſcene les mêmes titres qu'il a tant de fois employés, & fait les mêmes objections contre ceux des défendeurs : ces derniers ſe reférent donc à la critique qu'ils ont faite des uns & à la juſtification des autres, aux pages 37 & ſuivantes de leur Mémoire. Ils ſe contentent d'obſerver que c'eſt gratuitement que le ſieur de Fontanieu avance, pour donner créance aux prétendus titres qu'ils ont rejetté, qu'on n'en avoit pas de meilleure forme au temps auquel ils ſe rapportent : il faut croire qu'on parle à gens qui n'ont vu guéres de titres en leur vie, pour haſarder de telles aſſertions ; & les ſieurs de Mieurle & conſorts ſoutiennent que c'eſt ſe moquer de la Juſtice, que de produire à ſes yeux, ſous la qualification de titres, des chiffons tels que le regiſtre de M. l'Archevêque d'Auch, du prétendu dénombrement ſans commencement ni ſignature dont des domeſtiques des Seigneurs de Fiennes ont ſuppléé les lacunes, & tous les autres de cette eſpece dont on a démontré l'irrégularité. Les ſieurs de Mieurle & conſorts ne peuvent pas s'empêcher de relever ici un reproche d'infidélité haſardé bien légerement, pour ne rien dire de plus, à la page 24 du Mémoire du ſieur de Fontanieu qui oſe avancer qu'on a cité, contre la vérité, le folio 2, verſo de l'état dreſſé pour l'échange du Comté en 1477, dans lequel on fait écrire en titre *Fiefs de Wiſſent*, & enſuite *M. de Fiennes, il n'a baillé aucune déclaration.* Le folio 2 verſo qu'ont cité les défendeurs eſt celui d'un état produit dans l'inſtance de 1745 par les Fermiers du Comté de Boulogne, c'eſt-à-dire par les parties adverſes des Fermiers de Wiſſent, & qu'on aſſignoit à l'année 1476; & la citation de l'état de 1477 fourni par le ſieur Fretau, Inſpecteur Général du Domaine de la Couronne, eſt du folio 522, recto & verſo, & non du folio 2 : cette citation eſt appuyée de celles de l'acte d'échange de cette même année, & d'un extrait en forme du Greffe de la Sénéchauſſée de Boulogne, à la date du 25 Août 1553, qui diſent la même choſe. Le Conſeil eſt ſupplié de vérifier ce fait à la page 49 du Mémoire des défendeurs.

TROISIEME PREUVE *que le Marquiſat de Fiennes eſt ſitué dans la mouvance immédiate du Comté de Boulogne, réſultante des aveux des Parties adverſes.*

RÉPONSE. Les ſieurs de Mieurle & conſorts répétent volontiers l'aveu qu'ils ont fait tant de fois, que Fiennes relevoit immédiatement du Comté de Boulogne, *par le Bailliage de Wiſſent* : il eſt ſitué, ſans doute, dans la mouvance immédiate du Comté, parce que Wiſſent dans l'enclave duquel il eſt circonſcrit, eſt un membre de cette mouvance diffuſe ſur tous les membres qui forment enſemble la glebe univerſelle : l'apport des droits ſeigneuriaux à la recette de l'enclave de Wiſſent, ne porte point d'atteinte à cette mouvance, & la circonſtance de l'engagement qui attribue les profits de cette recette à l'engagiſte, n'y change rien. Voilà des aveux que les ſieurs de Mieurle & conſorts n'ont point de répugnance de répéter; & dont ils donnent acte au ſieur de Fontanieu, en la meilleure forme qu'il peut le déſirer.

QUATRIEME PREUVE

QUATRIEME PREUVE *que le Marquisat de Fiennes releve immédiatement & sans moyen du Comté de Boulogne, résultante du principe général, que les droits & les profits féodaux sont dûs à la glebe dominante & non ailleurs.*

RÉPONSE. D'accord que les droits & les profits sont dûs à la glebe dominante : Wissent est la glebe dominante, comme Boulogne & les six autres Bailliages, qui tous ensemble en forment l'universalité. C'est ici, où le sieur de Fontanieu prodigue en pure perte cette vaste & profonde érudition, pour prouver que la mouvance d'un fief ne peut pas être démembrée de la glebe dominante, dont on a fait voir l'inutilité dans l'espece, attendu qu'il n'y a pas ici de démembrement. Au reste, nous entendons la maxime du sieur de Fontanieu, dans ce sens, que les droits & profits sont dûs à la glebe dominante, c'est-à-dire qu'ils lui appartiennent : le sieur de Fontanieu ajoute NON AILLEURS, & affecte de le faire imprimer en lettres majuscules : voudroit-il dire par-là, que les droits ne peuvent pas être payés ailleurs qu'à la glebe dominante ? On ne le pense pas : en tout cas, il est établi, de son aveu même, que dans le Comté de Boulogne, ces droits se payent à la recette de chacun des Bailliages dans l'arrondissement duquel les fiefs sont situés ; & il va lui-même tout-à-l'heure nous gratifier d'une sçavante dissertation sur cet usage. Ainsi, d'après ce point convenu, il donnera à son principe tel sens qu'il aimera mieux : reste toujours que les droits seigneuriaux de Fiennes & des autres fiefs enclavés dans le Bailliage de Wissent, se payoient à Wissent, qu'ils faisoient partie du revenu domanial de cet arrondissement ; & que c'est ce revenu dont le Roi a mis en possession l'engagiste, & que les auteurs des défendeurs avoient droit de percevoir, comme Fermiers.

Faut-il faire voir, jusqu'où l'illusion du sieur de Fontanieu l'entraîne dans sa défense ? En voici un échantillon. Les défendeurs, pour fixer d'une maniere précise le point simple de la question, ont dit, sans se mettre en frais de le prouver par les monuments de l'hiſtoire, que le Comté de Boulogne, diviſé originairement en huit Châteaux & autant de Capitaineries, dont les chefs avoient à la fois le commandement des armes, l'adminiſtration de la Juſtice & celle des Finances, avoit continué d'être ſous la même diviſion, ſous le nom de Bailliage, lorſque la Magiſtrature avoit été ſéparée du ſervice Militaire; que les Baillifs avoient continué de faire le recouvrement des revenus domaniaux dans leur arrondiſſement, juſqu'à ce qu'on leur eût ſubſtitué des Receveurs en cette partie : de ſorte que ces recettes avoient eu, dans les différentes mains dans leſquelles on les avoit fait paſſer ſucceſſivement, des limites circonſcrites par des livres terriers deſtinés de tous les temps à ſervir au recouvrement dans chacune d'elles, comme le juſtifie le renouvellement de ces livres-terriers ordonné par le Roi Louis XI, à l'inſtant qu'il eut réuni le Comté à la Couronne; que par conſéquent rien ne devoit être plus connu que l'importance du revenu de chacun de ces Bailliages, & que le Roi venant à en engager quelqu'un, mettoit néceſſairement l'engagiſte en poſſeſſion de ce revenu, ſelon le *ſtatu quo*, à la ſeule exception des parties réſervées par le Traité, ou qui le ſont de droit par les Loix d'Etat. Comme toute la cauſe eſt véritablement renfermée dans cet expoſé concis, le ſieur de Fontanieu ne pouvoit avoir d'autre reſſource que de répandre, s'il l'eût pu, quelqu'obſcurité, d'élever quelque doute ſur cette diviſion du Comté de Boulogne en huit Bailliages & autant de recettes, dont l'arrondiſſement étoit circonſcrit irrévocablement par des terriers perpétués de tous les temps, & qui donnoient par conſéquent en tout temps le *ſtatu quo* certain du revenu de chaque Bailliage : le ſieur de Fontanieu a eu au contraire la généroſité de développer l'uſage de cette diviſion, comme s'il ſe fût chargé de juſtifier ce qu'en ont dit les ſieurs de Mieurle & conſorts. Il a montré d'abord, d'après le Docte Bruſſel, la diviſion des revenus de nos Rois, connus anciennement ſous l'une de ces deux dénominations *Prévôtés* ou *Baillies*; & delà, portant une main ſçavante dans le dedale des monuments de notre hiſtoire, il a fait voir le développement de cet uſage étendu dans tous les grands fiefs, tant pour la commodité des vassaux, que pour la sûreté des recouvrements, dont l'exactitude pouvoit être vérifiée plus facilement à l'aide des terriers de chaque Prévôté ou Baillie. Les sieurs de Mieurle & consorts se reconnoissent obligés envers le sieur de Fontanieu qui a bien voulu donner, à leur décharge, des éclaircissements qui pouvoient n'être pas nécessaires, mais qui ne peuvent que leur être avantageux. En effet la dissertation du sieur de Fontanieu explique très-naturellement de quelle maniere les droits seigneuriaux échus par les mutations du Marquisat de Fiennes, ont pu appartenir à l'engagiste de Wissent : ces droits formoient les revenus de la *Baillie* de Wissent, & le Roi a engagé cette *Baillie*, dont l'engagiste a affermé les fruits à l'auteur des défendeurs.

GRANDE DIRECTION DES FINANCES.

Monsieur ~~BAUDOUIN DE GUEMADEUC~~ De Colonia, *Maître des Requêtes, Rapporteur.*

Me DESPAULX, Avocat.

A Paris, chez KNAPEN & Fils, Libraires-Imp. de la Cour des Aides, au bas du Pont S. Michel, 1778.

www.ingramcontent.com/pod-product-compliance
Lightning Source LLC
LaVergne TN
LVHW050513160826
845677LV00003B/1115